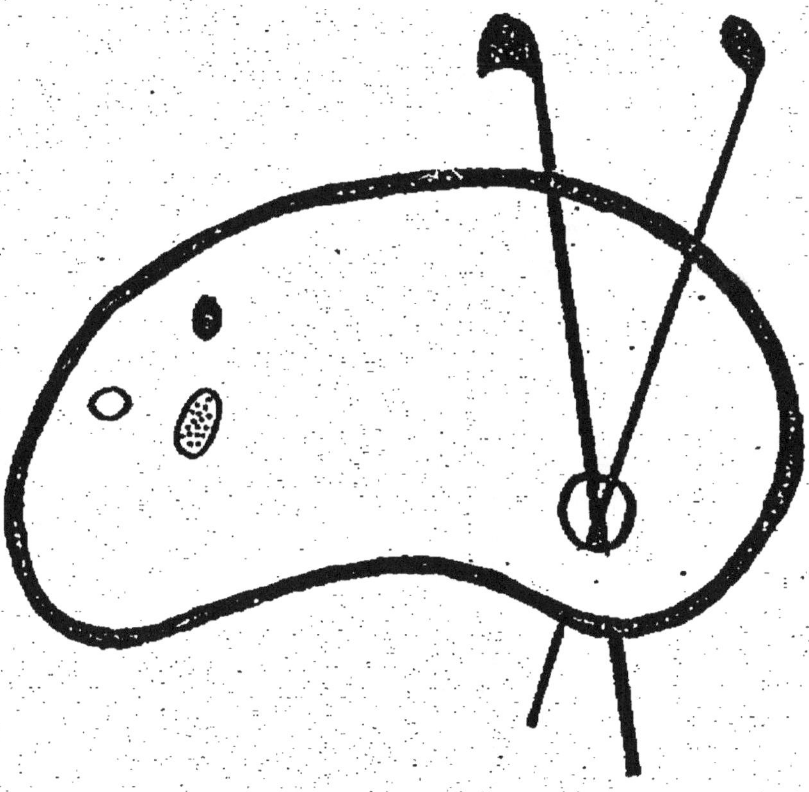

DEBUT D'UNE SERIE DE DOCUMENTS
EN COULEUR

LA CROIX DE St-MARTIN

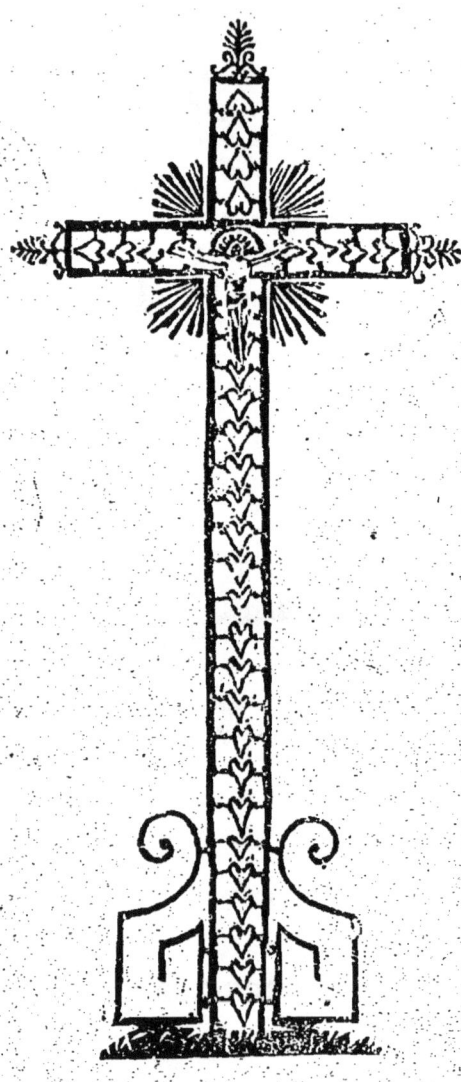

Dóu mai la davalon,
Dóu mai mounto.

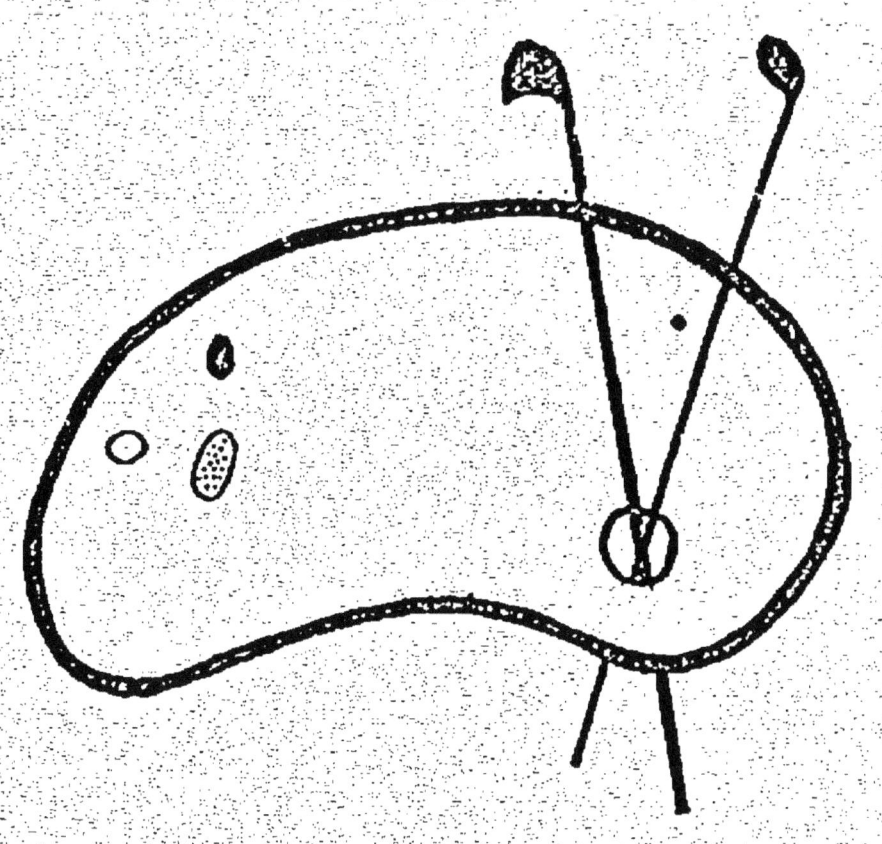

FIN D'UNE SERIE DE DOCUMENTS
EN COULEUR

LA CROIX DE ST-MARTIN

Dóu mai la davalon,
Dóu mai mounto.

LA CROIX

Une croix fut plantée il y a plus de dix-huit siècles sur une montagne de la Judée, le Golgotha, par la main déicide du peuple juif ; sur cette croix de bois expirait, victime volontaire, Celui qui était venu sauver le monde, Jésus-Christ, Dieu et homme tout ensemble.

A ce moment commence la régénération spirituelle du genre humain ; les Apôtres, envoyés de Dieu, s'en vont, armés de l'Évangile, prêcher aux nations la religion du Crucifié, et le monde païen, rendez-vous de tous les vices, se laisse toucher par la grâce, abandonne les idoles et se convertit à la foi. La croix, arrosée du sang généreux de plusieurs millions de martyrs, va rayonner jusque sur le trône des Césars ; elle gagne l'univers en lui prêchant la paix et la charité.

Instrument de supplice chez les anciens, depuis qu'elle a porté notre Sauveur la croix est devenue un signe béni chez tous les peuples chrétiens. Chaque pays, chaque ville, chaque hameau par où a passé le souffle de la foi, possède ses croix publiques, qui appellent sur les familles et les campagnes l'abondance des bénédictions divines.

On s'applique beaucoup à conserver intacts ces monuments sacrés, et si quelquefois une main impie ose porter atteinte au respect qui leur est dû, une poignante angoisse vient étreindre tous les cœurs.

Hélas ! pourquoi faut-il que cette étreinte de la douleur soit venue torturer nos âmes émues ? Pourquoi avons-nous à déplorer un attentat sacrilège commis dans notre ville de l'Isle ? Pourquoi des impies, obéissant au mot d'ordre parti de cette société ténébreuse qui s'appelle la *Franc-Maçonnerie*, ont-ils osé s'attaquer à un monument sacré, souvenir précieux de la foi de nos pères ? Pourquoi enfin une croix, la *Croix de Saint-Martin*, est-elle tombée sous les coups des démolisseurs ?

O Croix de Saint-Martin, si belle, si imposante sur ton trône d'honneur, pardon pour tes ennemis ; tu n'as plus ta place sur nos boulevards, mais nous t'en ferons une bien plus belle dans nos cœurs !

LA CROIX DE SAINT-MARTIN

C'est avec une indicible joie que nous entreprenons de dire simplement l'histoire de cette croix bénie, devenue bien plus chère encore à tous les cœurs l'islois, depuis le triomphe inespéré fait au divin Crucifié, dans la journée du 11 janvier 1898.

Ses origines. — Reportons-nous jusqu'en l'année 1826. C'était au moment de ce réveil de foi qui se produisit dans la France entière, après la tourmente révolutionnaire, quand Napoléon I*er* eut réorganisé le culte catholique. M. Moricelly, curé de la paroisse de l'Isle, voulut procurer à ses paroissiens le bienfait d'une grande mission. Elle produisit les fruits de salut les plus merveilleux. Pour perpétuer le souvenir de ces jours de grâce, on décida l'érection d'une croix sur une des places publiques de la ville. Les deux autorités, religieuse et civile, marchaient dans une entente si parfaite que, non seulement les permissions nécessaires furent accordées, mais M. *Julian*, maire, accepta les fonctions de trésorier, pour gérer les fonds provenant d'une souscription publique. Chacun, à l'Isle, contribua pour sa part au grand acte de foi en versant sa généreuse offrande. Les *de Vénasque* et *de Bésignan* en particulier, avec les familles *Rozé* et *Courtet*, se firent remarquer par leur générosité et leur dévouement. En 1832, quand M. *de Bressy*, au nom de Madame veuve Julian, voulut régler définitivement les comptes, les recettes étaient montées à 2.925 fr. 85 c. et les dépenses à 2.907 fr., car on n'avait pas attendu cette date pour entreprendre les travaux : sous la direction de M. *Joseph Champein*, architecte de la ville, qui dressa lui-même les plans et devis, on se mit à l'œuvre dès le mois d'août 1826. L'empressement des ouvriers fut admirable ; parmi les maçons qui se dévouèrent à cette œuvre, nous trouvons les *Taquet*, les *Alivon*, les *Chapelet*, les *Sibour*, avec *Ambroisane, Imbert, Michel, Tourniaire, Michelier*, etc. *Bounias* et *Imbert* faisaient les charrois ; *Gay* était le décorateur ; *Martin*, le mécanicien ; *Bertrand* et *Genin* étaient chargés de la serrurerie, et *Aubert* établissait l'échafaudage. Ce fut *Giraud* qui fournit l'huile pour les fanaux de la Croix.

A l'église paroissiale, dans la chapelle du Crucifix, était exposé un christ, œuvre d'art apportée de Rome et donnée autrefois au couvent de Sainte-Élisabeth établi dans la ville ; ce christ fut choisi pour être placé sur le piédestal que l'on préparait aux abords de la *place Saint-Martin*.

Sa plantation. — La plantation de la Croix se fit avec une grande pompe au milieu d'un immense concours de monde ; il en était arrivé de tous les pays environnants. Nos anciens se rappellent encore avec émotion l'enthousiasme unanime qui éclata dans ces jours de bénédiction ; chaque l'islois aurait voulu être choisi pour porter le Christ aimé ; mais, si les privilégiés furent le petit nombre, tout le monde put prendre part aux chants de triomphe qui éclataient sur tout le parcours de la procession. Pour montrer à quel degré de pompe étaient montées ces solennités pieuses, nous nous contenterons de dire que le brancard seul fut payé la somme de 380 francs.

Un conflit pacifique s'était élevé au moment où il fallut fixer l'endroit où s'élèverait le monument sacré ; pour trancher les difficultés, les prédicateurs de la mission acceptèrent le soin de déterminer cet emplacement. Ils choisirent l'endroit précis où un assassin avait subi peu auparavant la peine capitale.

La Croix de Saint-Martin porte donc un *souvenir d'actions de grâces* et un *souvenir de réparation ;* elle est pour ce motif doublement chère à la population.

En 1836, dix ans après la première installation de la Croix, M. *Moricelly*, qui remplissait encore les fonctions de curé de l'Isle, voyant avec peine que *le Christ* de la croix souffrait beaucoup des injures du temps, pour sauver cette belle œuvre d'une destruction complète, prit l'initiative de la faire remplacer. Monseigneur l'archevêque ne s'opposa pas à ce projet, et une nouvelle souscription publique fut ouverte, avec MM. *Isidore Bonnet* et *Philippe Villard* pour trésoriers, afin de pouvoir substituer à l'ancienne croix de bois une belle croix en fer. Cette seconde installation fut accompagnée de fêtes qui rappelèrent celles de 1826 ; la nouvelle croix est celle-là même que chassent aujourd'hui nos iconoclastes de l'administration municipale. Elle a 4m50 de hauteur, sur 2 mètres de largeur aux bras ; le christ, redoré en 1897, mesure 0m52 de hauteur.

En l'année 1881, une vive poussée antireligieuse, à l'instigation de quelques sectaires, dont M. *Goudard*, premier adjoint, s'était fait le pontife, menaça tous les objets religieux qui environnent la ville. Le conseil municipal, troupeau de Panurge, suivait le premier adjoint dans cette voie criminelle, mais le préfet déjoua leurs basses manœuvres. Une première défense courtoise n'ayant pas découragé les demandeurs, devant leur gênante obstination, M. le préfet fit procéder, en 1882, à une enquête *de commodo et incommodo ;* 150 noms furent hostiles au projet, 3, dont celui de Goudard, furent favorables. La volonté du peuple était évidente : les croix et statue restèrent, à la grande joie de tous.

Après cette honteuse aventure, il semblait que l'idée saugrenue de renverser des croix ne jaillirait plus d'un cerveau l'islois ; on se trompait : il s'est trouvé un homme assez intolérant, assez impie, assez sectaire pour relancer ce projet sacrilège. Il y a quelque sept ans, le 21 janvier 1891, M. David venait succéder au vénérable M. Jalat dans le gouvernement de la paroisse ; le nouveau curé s'étant rendu chez M. Monition, maire, pour lui faire sa visite d'arrivée ; celui-ci, sans craindre de troubler les charmes et les convenances d'une première rencontre par une question maladroite, parla du projet d'enlever la Croix de St-Martin. M. le curé, sous ce coup inopiné, promit d'étudier la question, et quelques années s'écoulèrent..... M. Monition revient à la charge, et cette fois il dépêche le commissaire de police chez M. le curé, qui avait eu le temps cette fois de juger les prétentions du maire ; mais ne voulant pas prendre sur lui de trancher la délicate question, il promit de s'en rapporter à l'avis du conseil de fabrique.

Le maire devient de plus en plus pressant ; il semble que le temps va lui manquer pour perpétrer ses sinistres projets. M. le curé est convoqué à une première réunion à la mairie, où il trouve le maire, assisté de MM. *Gaspard Brun* et *Emile Rouet*, ses deux adjoints ; puis à une seconde. De ces entretiens une seule chose sortait évidente, c'est que la municipalité voulait enlever la Croix d'un terrain *prétendu communal*, sans consentir à lui donner en échange un emplacement équivalent. Le conseil de fabrique, d'ailleurs, avait fait répondre à M. le maire que la Croix de St-Martin étant une croix commémorative de mission et de réparation, une seule place lui convenait, celle que lui avaient donnée nos pieux ancêtres. Ici notons en passant les procédés artificieux de M. le maire : tandis qu'il dit à ses administrés que c'est dans un but d'utilité publique qu'il veut enlever la Croix, *nous savons* que c'est sur la demande d'un cafetier ; tandis qu'il déclare à M. le curé qu'il va prendre un arrêté de police pour défendre de déposer les cercueils aux pieds de la Croix, c'est l'arrêté de démolition qui est publié, dans les premiers jours de décembre 1897.

Nous nous faisons un devoir de reproduire cet arrêté

fameux, afin que l'on sache à quels motifs ont obéi ceux que le public appelle les *tombeurs de croix*.

Le voici tout entier :

Considérant que le monument religieux élevé par le clergé aux abords de la route nationale n° 100, dans la traverse de l'Isle, au lieu dit de la place de St-Martin, porte atteinte à la commodité de la circulation ;

Considérant que la place sur laquelle ce monument a été édifié est aujourd'hui très fréquentée, par suite de trois établissements publics créés autour dudit monument et des marchands forains, saltimbanques, etc., qui ont coutume de s'installer sur la promenade avoisinante ;

Considérant qu'une partie de la population rurale dépose les cercueils devant cet emblème religieux, en attendant l'arrivée du clergé qui doit procéder aux cérémonies funèbres, que cette coutume, peu respectueuse pour les personnes décédées, est de nature à troubler et compromettre les réjouissances publiques organisées sur cette place les dimanches et jours fériés ;

Considérant, en outre, que les rassemblements provoqués par ces cérémonies sur une voie de communication où la circulation des véhicules est des plus actives favorisent les accidents ; qu'il est d'intérêt général de supprimer la cause initiale de tous ces dangers ;

Considérant en dernier lieu que ce monument a été élevé sur la propriété communale sans autorisation,

ARRÊTONS :

ARTICLE PREMIER. — L'emblème religieux situé sur la propriété communale, aux abords de la route nationale, n° 100, dans la traverse de l'Isle, au lieu dit de la place Saint-Martin, sera enlevé dans un délai d'un mois à partir de la notification du présent, par les soins des autorités religieuses qui l'y ont édifié.

ART. 2. — A l'expiration du délai ci-dessus fixé et faute par elles de se conformer aux prescriptions du présent, il sera procédé à l'enlèvement de cet emblème à leurs frais, sans préjudice des poursuites légales qu'elles encourront.

Art. 3. — M. le commissaire de police est chargé de l'exécution du présent arrêté et de le notifier aux intéressés.

Pour le Maire,

E. Rouet, *adjoint.*

Nous laissons à nos lecteurs le soin de savourer les considérants de cet odieux arrêté, dont les journaux ont fait ressortir le caractère puéril et ridicule. Circonstance à remarquer : il porte la signature de celui qui, à L'Isle, depuis deux ans, s'est fait le bouc émissaire de toutes les intolérances, de toutes les vexations à l'égard des catholiques, et Dieu sait si elles sont nombreuses.

Le conseil de Fabrique, devant l'attitude menaçante de M. le maire, attendait passivement les événements, préférant s'exposer aux ennuis d'une action judiciaire, que trahir les droits supérieurs et surnaturels de Celui qui est mort pour tous les hommes ; quand, dans la seconde semaine de janvier, court le bruit de la prochaine démolition de la Croix.

Sa Démolition. — L'attentat sacrilège tramé depuis longtemps allait donc recevoir son exécution ; des démolisseurs soudoyés se mirent à l'œuvre dans la matinée du 10 janvier, sous la direction d'*Alphonse Boudin*, dit Fofon. Travaillaient sous ses ordres : *Vialis*, maçon ; *Joseph Paillet*, fils d'Auguste Paillet, maçon ; *Ayme*, maçon, et un quatrième ouvrier maçon d'origine italienne, *Antoine Benza*. M. *Sadrin* fils, serrurier, avait envoyé aussi un ouvrier de son atelier, et *Rouanet*, charpentier, était venu avec cordes et palan.

Voilà de quels éléments était composée l'escouade des démolisseurs. Nous regrettons vivement d'être obligé de donner au public les noms de ces ouvriers, mais pouvons-nous les taire, sachant à combien de vexations ont été en butte d'autres ouvriers plus scrupuleux, qui, malgré des offres séduisantes, ont refusé de prêter leur concours à cette œuvre sacrilège ? La conduite admirable de ceux-ci n'est-elle pas la condamnation de la faiblesse coupable de ceux là ?

Ici nous allons laisser parler la *Semaine religieuse du diocèse d'Avignon*, qui, dans un article magistral, intitulé : *Les Iconoclastes*, retrace parfaitement les événements des journées à la fois pénibles et glorieuses du 10 et du 11 janvier.

Nous sommes à la première de ces journées mémorables :

« ...... Une foule immense, sous la brume et la pluie d'un jour d'hiver, se tenait debout, muette et morne, aux abords de la place Saint-Martin ; telle la foule qui au Vendredi-Saint couvrait les pentes du Calvaire.

Peut-être avait-on compté sur une manifestation tumultueuse, comme la circonstance l'eût facilement excusée, mais qui aurait trop bien servi les intérêts des briseurs de croix. Quand on dresse procès-verbal à un évêque, on a moins à se gêner avec des femmes et des enfants. Le commissaire de police Simonin était là, tout prêt à instrumenter. La sagesse du clergé et des notables catholiques a déjoué ce calcul. Un silence glacial, le silence de la pitié et du mépris, règne dans la foule qui garnit les abords de la place.

Cependant les exécuteurs se mettent à l'œuvre : le premier coup de pic retentit sourd et lugubre. La consigne sévère qui a été donnée aux catholiques réprime dans toutes les gorges le cri de l'indignation ; seules les pierres du monument sacré frappées par le fer sacrilège vont crier : *lapides clamabunt*.

Mais non, une autre voix va se faire entendre, une voix qui n'a rien de séditieux, celle-là non plus, mais qui n'est que plus éloquente et plus vengeresse. Tout-à-coup, du haut du vieux clocher de l'antique collégiale de l'Isle, le glas funèbre se fait entendre, et les notes de la mélodie des trépassés se répandent en ondes sonores, lentes et plaintives, sur la petite ville et bien loin dans les vastes campagnes qu'arrose la Sorgue.

....

Cependant un remous se produit dans la foule, qui s'ouvre et livre passage : c'est le clergé de l'Isle, son vénérable curé en tête, qui vient prendre sa place d'honneur sur ce nouveau champ de bataille. M. l'abbé David et ses prêtres, la face défaite, s'agenouillent au pied du monument sacré et prient longuement. C'est l'amende honorable pour le sacrilège qui se commet, c'est la prière du bon pasteur implorant la divine miséricorde en faveur des coupables, quels qu'ils soient, et sollicitant du ciel que la grâce du pardon s'épanche avec d'autant plus d'abondance que le crime est moins digne d'excuse.

Le travail de démolition se poursuit lentement : on dirait que les ouvriers ne peuvent pas ou ne veulent pas en venir à bout. Les heures de la journée s'enfuient, la nuit tombe, et la sinistre besogne n'est pas achevée ; chacun se retire dans sa demeure sous le coup des émotions de la journée. Nuit aussi triste pour les catholiques de l'Isle que pour les disciples de Jésus la nuit du premier Vendredi-Saint.

Le lendemain mardi, 11 janvier, les fidèles de l'Isle sont accourus plus nombreux, mais non moins calmes que la veille. Le clergé, les membres dévoués du Conseil de Fabrique ont repris leur poste d'honneur. Les exécuteurs poursuivent leur sinistre besogne, et de nouveau le glas funèbre se fait entendre, portant la terreur et le remords dans bien des âmes, mais en même temps un peu d'espérance et de joie dans les cœurs chrétiens, qui savent que l'*Alleluia* de la Pâque succède infailliblement aux lamentations du Vendredi-Saint.

A midi, l'œuvre néfaste n'était pas achevée encore ; mais le pied de la croix est complètement dégagé, et l'image sacrée se balance au palan qui la retient.

Que va-t-il se passer ? Les ouvriers n'ont-ils pas reçu l'ordre de détacher la croix au moment où les assistants se seront retirés chez eux pour le repas de midi ? Avec des adversaires tels que les nôtres on peut toujours compter sur quelque petite perfidie. On avait en effet donné à M. le curé l'assurance que la croix ne serait libre qu'à deux heures et demie.

Mais on avait compté sans la vigilance des catholiques l'islois, dont la conduite en ces tristes circonstances a été admirable. Dès midi et demi, tout le monde est sur pied, et le soleil, voilé jusque-là par d'épais brouillards, brille de tout son éclat ;

nouvelle et frappante ressemblance avec la scène du Calvaire. De nouveau le glas funèbre retentit, la foule est plus compacte que jamais, dans l'attente du dénouement final. Les ouvriers sont venus trois quarts d'heure avant le moment annoncé : ruse impuissante. La croix descend lentement, au milieu de l'anxiété qui étreint plusieurs milliers de poitrines : mais elle n'a pas le temps de toucher terre. Cent hommes vigoureux sont là : ils la reçoivent dans leurs bras nerveux ; en un clin d'œil la foule s'est groupée autour d'eux, se disposant à faire à la croix un cortège d'honneur. Les sectaires, en petit nombre, qui étaient venus pour jouir de leur triomphe, sont stupéfaits. Un seul a osé hasarder une réflexion : « Oh ! quels fanatiques ! » Dans la bouche de ce petit ignorant cela veut dire, sans qu'il s'en doute : à l'Isle, il y a encore des hommes de cœur ! Les autres ont gardé le silence : ils n'avaient rien de mieux à faire.

Le cortège se forme. M. David, curé-doyen de l'Isle ; M. Lamariat, aumônier de l'asile Benoît ; M. Royère, aumônier de l'Hôtel-Dieu ; M. l'abbé Curnier et M. l'abbé Bros, vicaires ; se tiennent, tête découverte, derrière la croix. M. le baron Maurice de Casal, président du Conseil de Fabrique ; J. Barnouin, président du bureau ; M. E. Clariot, trésorier ; M. Mourier, secrétaire du bureau ; M. H. Juge, secrétaire du Conseil ; M. Luneau, M. Gillibert, M. Richard, membres du Conseil de Fabrique, et d'autres notables de la ville font escorte. La police s'est vainement mise en frais, personne ne dit rien, pas la moindre apparence de contravention, pas le plus petit procès-verbal à dresser ; on vole plutôt qu'on ne marche, depuis la place Saint-Martin jusqu'à l'église, en traversant la rue des Frères Mineurs. Mais à peine la croix a-t-elle franchi le seuil de l'église, qu'on entend ce cri vainqueur qui retentit : *Vive la Croix !*

On dépose l'image sacrée sur une estrade au pied du sanctuaire et on la salue au chant de la strophe : *O Crux, ave.*

Ce sont ces paroles que M. le Curé David va commenter en chaire. Il le fait dans un langage qui arrache les larmes.

... Il ne trouve que des paroles de pitié et de pardon pour les coupables, mais il voit dans ce triomphe inattendu l'espérance de la résurrection et de la vie pour son peuple, qu'il aime maintenant plus que jamais.

On fait l'adoration liturgique de la Croix, comme cérémonie expiatoire. Mais la foule n'est pas satisfaite. On chante alors les cantiques populaires :

Je suis Chrétien,—Nous voulons Dieu,—Debout, chrétiens ! etc., pendant lesquels hommes, femmes et enfants viennent baiser les pieds du Christ détrôné, mais toujours vainqueur.

Le calme religieux qui n'a pas cessé de régner dans l'église, pendant deux heures entières, fait bien voir qu'un souffle de grâce passait en ce moment en tous les cœurs.

.... Depuis ce moment, la Croix reçoit les hommages les plus touchants ; elle disparaît sous les fleurs dont on la couvre, elle brille à la lumière des cierges qui brillent autour d'elle. Trois chemins de Croix solennels ont été faits ; chaque fois l'église se remplit. L'Isle n'est plus le pays de sectaires et d'indifférents qu'on avait dit : c'est un vrai pays catholique. Les cœurs sont tristes, mais on est heureux de cette explosion des sentiments chrétiens ; les consciences ont gémi, mais elles sont maintenant soulagées et satisfaites.

.... Quant à vous, bons catholiques de l'Isle, soyez félicités du bon exemple que vous venez de donner. Mais ne vous bornez pas à votre belle protestation de la première heure. Vous avez relevé la croix que des mains impies ont abattue ; qu'elle reste dressée non seulement dans votre église, qui l'abritera jusqu'à des jours meilleurs, mais dans vos cœurs, dans vos actes, et dans votre vie tout entière.... »

(*Semaine religieuse*, 22 janvier 1898).

Cet appel à une vie de foi, nous l'espérons, sera entendu ; puisse-t-il l'être aussi de ceux qui, ayant tramé ce sinistre complot, en ont ordonné l'exécution, et de ceux qui ont prêté leurs mains à cette besogne sacrilège.

M. Monition, maire, vous avez pris l'initiative d'une œuvre bien criminelle ; M. Rouet, adjoint, vous avez encouragé un dessein bien impie ; conseillers municipaux, à qui incombait le devoir d'arrêter ceux-là dans leurs projets sacrilèges, vous avez agi comme Pilate ; la responsabilité de ce forfait vous écrase, et fera le remords de votre vieillesse. Puisse Dieu vous pardonner cette lâche apostasie, et vous inspirer des sentiments plus chrétiens, et une conduite plus conforme aux promesses de votre baptême.

En finissant cet exposé historique sur la croix de Saint-Martin, nous nous plaisons à transcrire ce sonnet dû à la plume poétique de notre pasteur, M. l'abbé David :

O Crous de Sant-Martin, Crous santo e tant amado,
Lou siècle ero à soun aubo ; avié vint-e-sièis an,
Quand, dins un estrambord de priero e de can,
Nosti rèire fideù, pious, vous an plantado.

Mai, en nonante-vuit, dins la tristo journado
Dou vounge de janvié, d'argent aguènt trop fam,
Set ome an contro vous, ai-las ! leva la man,
Et davans nostis iue en plour vous an toumbado.

Subran, de gens de cor, de la vilo la flour,
Vous cargant sus l'espalo, au fa d'aqueste jour
Lou plus beù di triounfle, uno grando vitòri.

Tamben, divino Crous, gràci pèr li Lileu !
Gràci pèr li coupable ! Eici touti voulen,
Countrit, sempre vous dire : Amour, lousenjo e glòri !

L'Isle, le 23 janvier 1898.

Nota. — *Demander cette notice historique à la sacristie de la paroisse de L'Isle.*

Imprimerie François SEGUIN, Avignon.

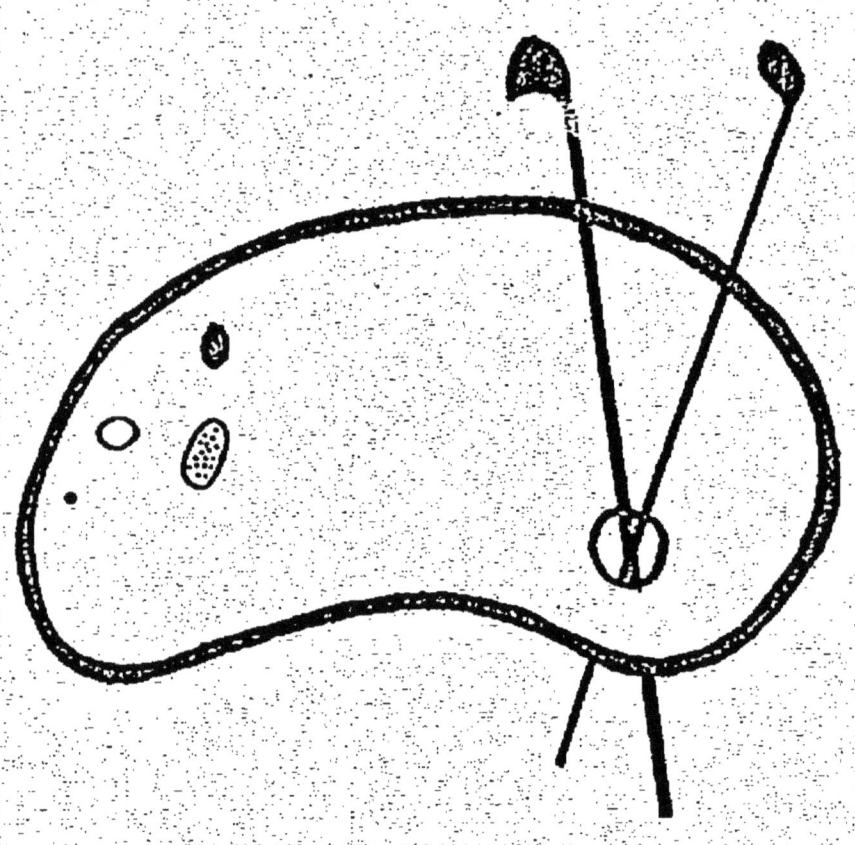

ORIGINAL EN COULEUR
NF Z 43-120-8